VISIT THE CAVES. SEE THE ISLANDS

PATRÍCIA ALMEIDA
# PORTOBELLO

( 8 )

(20)

( 2 7 )

( 3 4 )

( 5 6 )

# CAMERAS

PONHA AS MOEDAS DEVAGAR
PUT COINS IN SLOWLY

# SINGLE USE CAMERAS WITH FLASH 24 to 27 EXPOSURES

EMPURRE A GAVETA PARA DEVOLUÇÃO

## PUSH DRAWER FOR REFUND

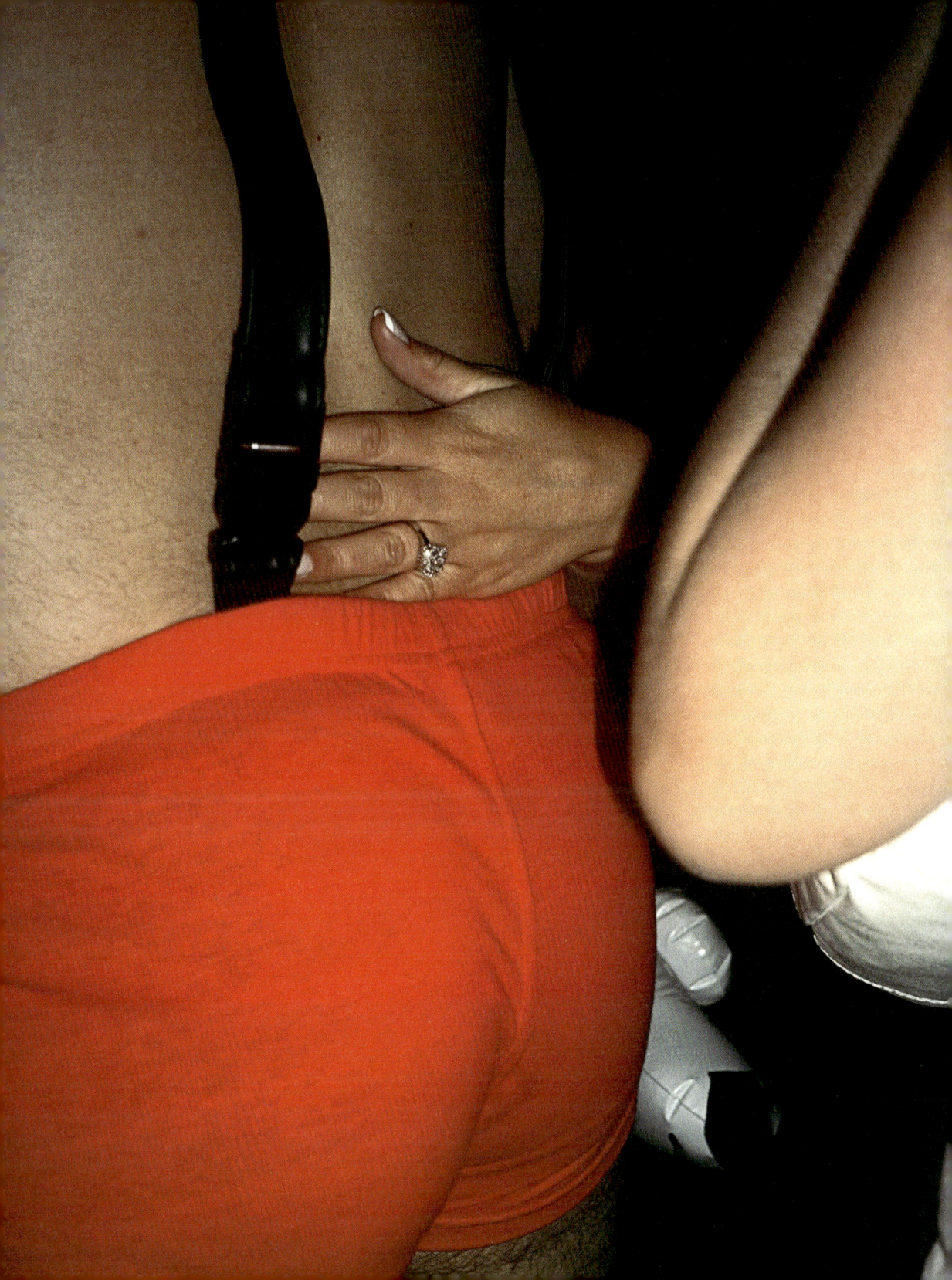

# O Coração do Algarve

Ian Jeffrey

A fotografia pode ser uma espécie de jogo que mexe com as nossas expectativas. Veja-se o Algarve, por exemplo, que é o teatro de operações de Patrícia Almeida neste livro. Sabemos alguma coisa do Algarve por ouvir falar dele como um *locus classicus* de hedonismo contemporâneo. E vimos nos aeroportos anúncios de voos para Faro, o seu porto de chegada. Qualquer pessoa com curiosidade sobre a sociedade e cultura europeias e sobre a situação actual há-de querer saber que aspecto tem o Algarve, nem que seja só para testar preconceitos. Ei-lo então, e mais ou menos como seria de esperar: principalmente corpos jovens, azul de jeans, anúncios de néon e cenários pirosos, coçados e desbotados.

Não obstante, nem toda a gente estará interessada no Algarve *per se*, situado entre as montanhas e o Golfo de Cádiz. Mas tanto faz, já que Portobello é essencialmente sobre outra coisa: é, antes de mais, sobre a fotografia, com o seu vocabulário e sintaxe. É também um trabalho de imaginação, projectando um mundo alternativo em que muitas das coisas com que nos habituámos a contar aparecem de pernas para o ar.

O Algarve é contudo um bom ponto de partida, pois mesmo aos olhos de um observador comum aparece como uma espécie de zona experimental onde diferentes versões do futuro se encontram em vias de estudo. É exactamente o tipo de lugar onde esperamos comportamentos pouco habituais e onde nos acontece suspender, por momentos, os nossos julgamentos. É rico em sintomas de cultura em estado de desequilíbrio; e é exactamente o género de lugar que teria sido procurado por fotógrafos japoneses por volta da década passada. Portobello tem qualquer coisa de japonês, ainda que sem alguma da sua informalidade. Os japoneses, sobretudo os que a aventureira Little More tem publicado, especializaram-se em paraísos tropicais à beira do colapso: especialmente Okinawa e as Filipinas - sobrepovoados, empobrecidos e garridos. A tendência, exemplificada em *Very Special Love*, de Omori Katsumi (1997) e em *Deep South*, de Nomura Keiko (1999), tem sido investigar aglomerados de bairros da lata e seus habitantes, que tentam fazer o melhor que podem das condições que têm.

Patrícia Almeida, ao contrário, é mais construtivista - e tem um fraco pela organização. Faz comparações e demonstra significados. A natureza, por exemplo, aparece em Portobello sob a forma de rochas residuais e árvores desfasadas, que sobrevivem ao longo das margens de um mundo colonizado. É também representada pelo oceano que mantém ali o tempo fora de cena ou como pano de fundo apenas. A Natureza, como tantas vezes acontece, faz companhia à Cultura - neste caso em versão especialmente frágil feita de engodos de néon e estrelas autocolantes. Em testemunhos japoneses sobre os paraísos improvisados do Sudeste Asiático, a ênfase vai para os materiais, para tudo o que possa ser possuído, comido ou fumado. Os placards publicitários de lá enferrujam e apodrecem, enquanto os de Portobello, aplicados à pressa, apenas se desgastam.

A natureza aparece menos por ser omnipresente que pelo facto de trazer animação à cena. Tem potencial antropomórfico. O oceano, por exemplo, está sempre desperto, vigilante, mesmo durante a noite. Vire-se-lhe as costas e sabe-se lá o que pode acontecer. As rochas e as pedras que se encontram do lado de fora do perímetro delimitado por cercas podem parecer indiferentes aos trabalhos temporários que decorrem no interior. As pirâmides do Egipto, em tempos idos, são capazes de ter apelado à eternidade, mas as estrelas de papel de Portobello mal chegam a ver o fim à noite. Impossível de confiar no que quer que seja deste décor, e no entanto parece ser isso mesmo que faz existir o lugar.

Portobello é uma fábula, e as fábulas sempre se passaram em cenários bizarros: em florestas pontuadas por penhascos perigosos e habitadas por corvos, em grutas escuras onde se escondem dragões, e em belas paisagens, boas demais para serem verdadeiras. As fábulas também têm heróis, heroínas, guardiães, transeuntes, viajantes despreocupados e criaturas disfarçadas. Nestes contos, o viajante inocente escolhe o caminho errado ou bebe o elixir proibido - e as coisas começam a ir de mal a pior. O elenco de Patrícia Almeida, que à primeira vista é apenas um conjunto de retratos, podia muito bem aparecer numa

destas fábulas de outros tempos.

A prática do retrato conheceu muitos tipos e fases na fotografia. Recentemente habituámo-nos às fotografias de corpo inteiro de adolescentes e jovens, em particular as de Rineke Dijkstra e Lise Sarfati. Um retrato de corpo inteiro tirado nos anos 1920, ou seja, na época dos uniformes, não tinha nada de extraordinário. O vestuário constituía uma parte fundamental da identidade de qualquer pessoa. Recentemente, porém, o corpo começou a ser entendido de forma diferente - talvez em referência a algum esquema universal de beleza intimamente associado à câmara e à página impressa. As figuras fotografadas de pé, em contextos de prazer e semi-nudez, podem muitas vezes dar a impressão de estar num estado de incerteza, de fazerem pouca ideia de quem é dono de quem no esquema geral da atracção. Em Portobello, estas figuras têm um ar vulnerável, como heroínas trágicas em modo de espera.

As fábulas do género das que Portobello nos recorda recorrem sempre a uma selecção de personagens menores: porteiros e vigilantes, por exemplo, que tomam conta das coisas, oferecem conselhos e estão à vontade na situação - pois estariam à vontade em qualquer lugar. Há aqui bons exemplos destes personagens que se desviaram momentaneamente de uma tarefa ou da rotina para posar, por cortesia, o tempo necessário para assegurar uma fotografia. Basta tirar o cigarro da boca, sorrir, e a seguir retomar o que se estava a fazer. Em versões mais elaboradas deste tipo de fotografia, o sujeito fotografado assume uma posição favorita, relaxada e mesmo íntima, e segura um objecto que lhe é querido. Fotografias como estas encontram-se na obra de Diane Arbus - tal como em Portobello. Representam a vida de todos os dias.

As fábulas, para terem um mínimo de importância nas nossas vidas, precisam de um elenco de pessoas que abram as portas e mostrem o caminho. No centro dos acontecimentos, porém, tem que haver qualquer coisa verdadeiramente estranha - que nos aguce a atenção. Podem ser diabos em carne e osso; e neste aspecto os retratos masculinos de Patrícia Almeida não desiludem. Alguns dos homens que escolhe incluir exibem-se, franzindo o sobrolho e fazendo beicinho. Pelo menos em imaginação - na imaginação deles, melhor dizendo -, são homens de mulheres com classe e guerreiros duros, mas na fábula de Portobello pouco mais são do que figurantes.

Os seus homens-amostra aprenderam a comportar-se em frente à câmara a partir de formatos masculinos convencionais: principalmente futebolistas em papéis publicitários. São essencialmente figuras nebulosas que podem ser vistas através dos originais impressos. A fotografia sempre se interessou pelo hiato entre o original e a cópia, ou entre o que teria sido o interesse original e aquilo que vem posteriormente ao encontro dos nossos olhos. Na inspecção que faz desta escala, Patrícia Almeida constata que há de facto estrelas com um alto nível de originalidade. Paradoxalmente, encarnam a inautenticidade, pois são homens/mulheres.

Também aqui a fotógrafa, com o gosto que tem pela organização, prepara um esquema das coisas. Começa com pessoas que não fizeram mais do que disfarçar-se: homens de mulheres, mas com um andar desajeitado de homem pronto para a noite. Estas figuras abrutalhadas abrem o caminho às mulheres - um conjunto de valquírias irlandesas - que parecem agir como homens. Estas inversões simétricas familiarizam-nos com a ideia de mudança de papéis, e mesmo do mundo tornando-se um tudo nada fora de controle. À parte aparecem contudo homens que parecem ter alcançado um estado de feminilidade, mesmo que se trate de uma condição imaginada que pouco tem a ver com o feminino. Estas pessoas, ao que parece, não têm problema absolutamente nenhum com a câmara nem com a ideia de serem vistas, e constituem o mistério do coração de Portobello.

Christer Stromholm, maestro sueco dos anos 1960 e autor de *Friends of the Place Blanche*, foi o primeiro a especializar-se neste outro estado do ser, que atraiu igualmente Diane Arbus. Neste estranho conto do Algarve, todos os outros desempenham papéis subordinados, aspirando a ideais que nunca poderão alcançar enquanto futebolistas e atletas. Ou actuam em charadas - aquelas mulheres irlandesas, por exemplo, em vaqueiras lascivas. Tudo números encenados num contexto carnavalesco. As verdadeiras estrelas do espectáculo parecem no entanto conseguir viver os seus papéis em pleno, como se tivessem - elas e só elas - acesso ao modelo. São elas que dão forma ao elemento fabuloso, no âmago do livro de Patrícia Almeida.

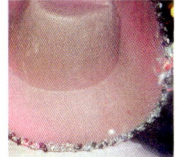

# The Heart of the Algarve

Ian Jeffrey

Photography can be a game of sorts playing with our expectations. Take the Algarve, for instance, which is Patrícia Almeida's theatre of operations in this book. We know something about it from hearsay as a *locus classicus* of contemporary hedonism. And we have seen announcements, in airports, of flights to Faro, the port of entry. Anyone curious to know about European society and culture and about our present plight would probably want to know what the Algarve looks like, if only as a test of preconceptions. Here it is, and more or less as you would have expected: mainly youthful flesh, blue denim, neon signs and tacky settings, frayed and scuffed.

Not all of us, though are interested in Algarve *per se*, placed between the mountains and the Golfo de Cádiz. That doesn't matter, though, for Portobello is mainly about something else: photography, for a start, with its vocabulary and syntax. It is also a work of the imagination, projecting an alternative world in which a lot of what we have come to expect is stood on its head.

The Algarve, however, was a good starting point for it looks, even to the casual eye, like some kind of experimental zone in which versions of the future are under consideration. It is just the kind of place in which we expect unusual behaviour and where, for a time, we will suspend judgement. It is rich in symptoms of culture in a state of disequilibrium; and it is just the sort of place which Japanese photographers would have searched out over the past decade or so. Portobello has a Japanese look to it, although without some of their informality. The Japanese, as published mainly by adventurous Little More company, have specialised in tropical paradise on the edge of collapse: Okinawa and the Philippines especially – overcrowded, impoverished and gaudy. Their tendency, exemplified in Omori Katsumi's *Very Special Love* (1997) and Nomura Keiko's *Deep South* (1999), has been to survey shanty-towns and their inhabitants trying to make the best of their conditions.

Patrícia Almeida is, by contrast, more of a constructivist – with a liking for organization. She makes comparisons and demonstrates meanings. Nature, for example, features in Portobello in the shape of residual rocks and desultory trees holding on along the margins of a settled world. It is also represented by the ocean keeping time just off stage or in the background. Nature, as so often, keeps Culture company – in this case a notably flimsy version made up of neon enticements and stick-on stars. In Japanese reports from the extemporised paradises of SE Asia there is a greater emphasis on materials, on whatever might be held, eaten or smoked. Their advertising signs rust and rot, whereas those in Portobello, hastily applied, simply wear out.

Nature features less because it is ever-present than because it brings animation to the scene. It has anthropomorphic potential. The ocean, for instance, keeps to its wakeful and watchful ways even during the night. Turn your back on it and who knows what will happen. The rocks and stones which lie outside the perimeter fences might be taken to be indifferent to the temporary works within. The Pyramids, long ago, may have addressed themselves to eternity but Portobello's paper stars will barely see the night out. You couldn't put your trust in any of this décor, yet all the same this seems to be what makes the place.

Portobello is a fable, and fables have always taken place in bizarre settings: in forests punctuated by dangerous crags and inhabited by ravens, in dark caves where dragons lurk and in beautiful landscapes, too good to be true. Fables also feature heroes, heroines, custodians, passers-by, unwary travellers and creatures in disguise. The innocent traveller in these tall tales takes a wrong turn or drinks of the prohibited elixir – upon which things go from bad to worse. Patrícia Almeida's cast list, on the face of it just a set of portraits, could easily take its place in one of these fables of old.

Portraiture has many types and phases in photography, and recently we have become used to full-length pictures of adolescents and of youngish people taken by Rineke Dijkstra and by Lise Sarfati in particular. A full-length portrait taken in the 1920s, which is to say in the age of uniforms, was nothing out of the ordinary. Garments made up a key part in anyone's identity. Recently, though, the body has been differently understood - perhaps in relation to some universal scheme of beauty closely associated with the camera and the printed page. Standing figures, in the context of pleasure and semi-nudity, can often give the impression of being at a loss, of having little idea of where the owner belongs in the overall scheme of attractiveness. In Portobello such figures look vulnerable, like tragic heroines in waiting.

Fables, of the kind brought to mind by Portobello, always make use of a selection of minor characters: doormen and porters, for example, who keep an eye on things, offer advice and are at home in the situation - for they would be at home anywhere. There are good examples here of such characters who have turn aside momentarily from a task or routine to pose, out of courtesy, for just as long as it takes to secure a picture. You take the cigarette from your mouth, smile and then resume whatever it is that you were doing. In more elaborate versions of this kind of picture the subject takes up a favourite position, relaxed and even intimate, and holds an object dear to him or her. You will see such pictures in the oeuvre of Diane Arbus - as in Portobello. They stand for ordinary life.

Fables, if they are to have any relevance to the lives we lead, need a supporting cast of people who will open the gates an show the way. At the centre of events, however, there must be something truly strange - to sharpen our attention. There maybe devils incarnate; and in this respect Patrícia Almeida's portraits of men repay study. Some of the men she chooses for inclusion make an exhibition of themselves, frowning and pouting. In imagination at least - their imagination, that is to say - they are ladies' men and stern warriors, but in the fable of Portobello they play little more than walk-on parts.

Her sample men have learned how to behave for the camera from conventional male formats: footballers in advertising roles principally. They are, in essence, shadowy figures who can be seen through the printed originals. Photography has always been interested in the gap between original and copy, or between what was originally of interest and what subsequently meets our eyes. In Patrícia Almeida's inspection of this scale she finds that there are indeed stars with a high degree of originality. Paradoxically they epitomise inauthenticity for they are men/women.

Here again, the photographer, with her liking for organisation, prepares a scheme of things. She begins with people who have done no more than dress up: men as women, but with a shambling gait of men out for the evening. These brutish figures prepare the way for women - a set of Irish Valkyries - who seam to act like men. These symmetrical inversions familiarise us with the idea of role change and even of the world running somewhat out of control. Standing apart, however, there are men who seem to have achieved state of womanhood even if it is an imagined condition having little to do with the feminine. These people, it seems, have no trouble at all with the camera and with the idea of being seen, and they constitute the mystery of the heart of Portobello.

Christer Stromholm, the Swedish maestro of the 1960s and author of *Friends of the Place Blanche*, was the first to specialise in this other state of being, which attracted Diane Arbus as well. All the others in this strange tale of the Algarve act subordinate parts, aspiring to ideals which they can never attain as footballers and as athletes. Or they act in charades - those Irish women, for example, as salacious cowpokes. All these are calculated acts in a context of carnival. The true stars of the show, however, seem to be able to live their roles to the full, as if they - and only they - had access to the model. They make up the fabulous element at the core of Patrícia Almeida's book.

# Portobello™

David-Alexandre Guéniot

*"Já a pensar num artigo de viagem, reparei nas características deste mundo silencioso: a arquitectura branca apagando a memória; o lazer forçado que fossilizou o sistema nervoso; o aspecto quase africanizado, mas um norte de África inventado por alguém que nunca visitou o Magrebe, a ausência aparente de qualquer estrutura social; a intemporalidade de um mundo para alem do tédio, sem passado, sem futuro e com um presente em vias de extinção. Seria esta a aparência de um futuro dominado pelo lazer? Nada poderia jamais acontecer nesta dimensão desprovida de afecto em que uma corrente entrópica acalmava a superfície de mil piscinas"*

Cocaine Nights, JG Ballard, 1996.

A fotografia pára o tempo mas também pode fixar a acção de um tempo já parado, quer dizer, um entretanto, um tempo imobilizado antes mesmo de ser fixado, um tempo morto. As fotografias de Portobello apresentam-nos corpos em poses reconhecíveis e satisfeitas, representações de uma cultura popular *low cost*, autoficções de glam proletário. Troncos nus, braços tatuados, sorrisos de conivência perante a objectiva que captará a imagem - sorridente e descontraída - do deixa-andar/deixa-viver das férias. Mas também nos apresentam lugares imobilizados em projectos urbanísticos e arquitecturais cuja expressão remete mais para a organização e o ordenamento de um parque de atracções do que para a construção de lugares para habitar. Lugares que são mais para entreter do que para viver.

O que esta paragem de tempo deixa entrever é um lapso de tempo, uma falha temporal, quer dizer, o deslizar de um tempo em direcção a um outro. Essa falha existe, por exemplo, no momento em que se tira uma fotografia de grupo, quando as pessoas, tendo (finalmente) tomado as suas poses, esperam pelo clique do obturador para poderem (finalmente) livrar-se delas. É nesse parêntesis da imagem imobilizada antes de ser fixada (na fotografia), que se poderia situar semelhante deslizar do tempo. Momento de existência suspensa. Momento de inexistência vivida. Como uma força de inércia, os motores parados, que faria derrapar a implacável cronologia do tempo, deixando fugir por alguns segundos o curso das coisas. É nesse intervalo (entre a paragem e o retomar da acção, entre a fabricação da pose e o seu desmembramento) que as pessoas fotografadas se revelam enquanto sujeitos e objectos, como deslocadas ao lado do tempo. Como se estivessem simultaneamente dentro e fora de si mesmas, nos seus corpos e no exterior, quer dizer, já na fotografia. Como se nesse instante tivessem deixado de existir na realidade e se encontrassem em vias de realizar-se virtualmente na imagem: magia da transmutação iconográfica. Como se, mergulhadas numa espécie de apneia (a espera do clique), nos permitissem assistir à encenação de um *déjà vu*.

As fotografias de Portobello mostram-nos assim como uma realidade se apresenta a si mesma tal como deseja existir, quer dizer, tal como se representa e se demonstra aos outros. As pessoas, as paisagens fotografadas participam, enquanto sujeitos e objectos, de uma iconografia pré-existente. O que vemos nestas fotografias são pessoas que são ao mesmo tempo actores e espectadores (de si mesmas), mas também pessoas e personagens, tal como as paisagens são ao mesmo tempo paisagens e cenários, tal como a realidade é ao mesmo tempo real e encenada, quer dizer, construída a partir de ficções (políticas, económicas, sociais, urbanísticas, paisagísticas, estéticas). Neste sentido, Portobello seria um mundo real ficcionado. Uma segunda natureza encerrada numa glamorosa iconografia estival, numa ficção sem história, num tempo pré-narrativo (tal como se diria de um tempo pré-histórico), quer dizer, um tempo anterior à narração, anterior à lembrança - futura, contada - das experiências vividas. Uma segunda natureza - qual Éden transformado em parque temático sem tema (que não o de realizar um difuso fantasma das férias) - onde seria possível viver na concavidade de um tempo morto, num ao-lado-do-tempo que, sem passado nem futuro, teria reduzido o presente ao movimento entrópico de uma ligeira brisa varrendo a superfície de milhares de piscinas (como escrevia Ballard), um presente com o efeito de uma pirólise, à semelhança daqueles fornos de auto-limpeza que queimam a altas temperaturas qualquer vestígio de cozedura.

Portobello é um mundo cujas personagens (os figurantes) parecem ter sido colocadas sobre um fundo de telas pintadas que imediatamente se desmoronam nas suas costas. Um mundo de cenários permutáveis (o que se passa aqui poderia passar-se em qualquer outro lado), em que a profundidade de campo mais não é do que um espaço propício ao aparecimento de miragens. Portobello, nome genérico que evoca um vago exotismo latino, cidade ou região (italiana? espanhola? corsa? portuguesa? brasileira? mexicana?), hotel ou discoteca em que imaginamos o interior fora de moda e o néon sobre a fachada, ou um cocktail colorido (ilustrado por uma foto) numa lista de bebidas: Portobello (amarelo), Éden (azul), Flamingo (rosa, evidentemente), Acapulco (verde), Florida (vermelho). Portobello, lugar de intensificação sazonal como uma marca registada (Portobello™), sinónimo de Eterno Verão onde o que importa é fazer a experiência desse exotismo. O sol: para gozar de manhã à noite em t-shirt e chinelos; a praia (ou piscina): para bronzear, engatar, preguiçar, exercitar o corpo (um animador montado num palco, micro-Madonna ao canto da boca, repercute a um raio de uma vintena de metros uma coreografia aeróbica a veraneantes que patinham na areia); o mar: para contemplar o horizonte, praticar desportos pseudo-aquáticos (pessoas içadas a uma dezena de metros acima do nível da água, riem de se ver suspensas de um pára-quedas puxado por um barco a motor); e depois toda a espécie de divertimentos: como os de fim de tarde (encontrar-se com amigos à volta de uma cerveja, em frente a um ecrã de plasma que transmite um jogo de futebol, ou em família, assistir ao espectáculo de um sósia de Michael Jackson ou a uma versão transexual da Branca de Neve representada por dois drag queens), ou então, mais tarde, à noite (sair para beber um copo e cruzar-se com um grupo de irlandesas, apitos na boca e vestidas com uniformes da Polícia, na despedida de solteira de uma delas (aquela que, em vez do chapéu de polícia, leva um chapéu com um pénis pendurado no meio da testa)). Tratar-se-ia então de viver estas experiências de modo a autenticá-las (validando, ao mesmo tempo, os clichés que comportam), de forma a inscrevê-las (como se esses clichés funcionassem como referências visuais) numa realidade ficcionada, numa experiência individual de ficção. O que os clichés de Portobello nos revelam não são pois meramente os estereótipos sobre os quais esta ficção se constrói, mas sobretudo o que esses instantes fotográficos têm de propriamente não decisivo, quer dizer, a duração desse deslizar do tempo, a espessura desse tempo morto que invade e atravessa os clichés, uma duração onde, qual película de filme de plástico, a ficção parece poder descolar(-se) da realidade.

# Portobello™

David-Alexandre Guéniot

*« Already thinking of a travel article, I noted the features of this silent world: the memory-erasing white architecture; the enforced leisure that fossilized the nervous system; the almost Africanized aspect, but a North Africa invented by someone who had never visited the Maghreb, the apparent absence of any social structure; the timelessness of a world beyond boredom, with no past, no future and a diminishing present. Perhaps this was what a leisure-dominated future would resemble? Nothing could ever happen in this affectless realm, where entropic drift calmed the surfaces of a thousand swimming pools. »*

Cocaine Nights, JG Ballard, 1996.

Photography arrests time but can as well capture the action of an already arrested time, i.e. a vacancy, a time immobilized even before it is captured, a dead time. The pictures of Portobello show us bodies in expected and satisfied poses, representations of a *low cost* popular culture, self-fictions of proletarian glamour. Naked torsos, tattooed arms, complicity smiles face the camera lens that will record the image - smiling and relaxed - of a holiday-like let-go / let-it-be mood. But they also show us places immobilized within town-planning and architectural projects whose expression refers more to the kind of organization and arrangement of a Luna park than to the construction of places to inhabit. Places to enjoy rather than places to live in.

Such a time vacancy lets us catch a glimpse of a lapse of time, a temporal gap, i.e. the sideslip of one time towards another. This gap exists, for instance, at the moment a group picture is about to be taken, when the persons who have (finally) found their poses are waiting for the click of the shutter to (finally) get rid of them. It is in that bracketing of the image - immobilized before being captured - that such a time slip would situate. A moment of suspended existence. A moment of experienced inexistence. Like a force of inertia, all engines off, that would trouble the implacable chronology of time by letting the flow of things slip off for some seconds. It is in that interval (between the arresting of the action and its restarting, between the fabrication of the pose and its falling apart) that the photographed persons reveal themselves, as subjects and objects, as if displaced onto the side of time. As if they were both inside and outside themselves, in- and out-side their bodies, i.e. already on the picture. As if at that very moment they had ceased to exist in reality and were about to realize virtually within the image: the magic of iconographic transmutations. As if, absorbed in a sort of apnea (waiting for the click), they would allow us to watch the staging of a *déjà vu*.

The pictures of Portobello thus show us how a reality presents to itself in the way it wishes to exist, i.e. such as it represents and demonstrates itself to others. The persons, the photographed landscapes take part, as subjects and objects, in a pre-existent iconography. What we see in the pictures are persons that are at once actors and spectators (of themselves) but also persons and characters, just like the landscapes are at once landscapes and settings, just like reality is at once real and staged, i.e. built on the basis of fictions (political, economic, social, town-planning, gardening, aesthetic). Portobello would be, in this sense, a fictionalized real world. Like a frozen second nature in a glamorous summer iconography, in a fiction devoid of history, in a pre-narrative time (as we would refer to a pre-historic time), i.e. a time from before narration, from before remembering - future, told - those experiences; a second nature then - a sort of Eden transformed in thematic park without a theme (apart from the one of realizing a diffuse fantasy of holiday(s)) - where it would be possible to live in the hollow of a dead time, on the side of time, one that, with no past or future, would have reduced the present to the entropic movement of a light breeze sweeping the surface of thousands of swimming pools (so Ballard), a present with an effect of pyrolysis, like those self-cleaning ovens at very high temperatures, that burn away any trace of cooking.

Portobello is a world whose characters (the figurants) would have been placed before painted canvas that fall apart just behind them. A world of interchangeable settings (it happens here but it could as well take place somewhere else) where the depth of field is nothing more than a space inviting the appearance of mirages. Portobello, generic name evoking a vague Latin exoticism, a city or a region (Italian? Spanish? Corsican? Portuguese? Brazilian? Mexican?), or a hotel or a night club whose old-fashioned interior and neon sign on the façade we can easily imagine, or a colorful cocktail (illustrated by a picture) on a list of drinks: Portobello (yellow), Eden (blue), Flamingo (rose, of course), Acapulco (green), Florida (red). Portobello, a place of seasonal intensification like a trademark (Portobello™) synonymous of Eternal Summer where what counts is to live the experience of that exoticism. The sun: to live from sunrise to sunset in t-shirt and light sandals; the beach (or the swimming pool): to sunbathe, drag, laze around, exercise one's body (an animator on a podium, Madonna-mike on the corner of the mouth, reverberates an aerobic choreography across a surface of 20 meters, to holidaymakers that trample on the sand); the sea: to contemplate the horizon, practice pseudo-aquatic sports (people pulled up 10 meters higher than the sea level laugh at the vision of themselves suspended from a parachute pulled by an outboard); and then all sorts of entertainment: like those of the afternoons (to find oneself around a beer, in front of a plasma screen broadcasting a football match, or in family, watching the show of a Michael Jackson's double or a transsexual version of Snow White performed by two drag queens), or else, later in the evening (to go out for a drink and run across a bunch of Irish young girls, whistles in the mouth and dressed in police uniforms, burying the life of single woman of one of them (the one who instead of a police cap wears a cap with a penis hanging in the middle of her forehead)). It would be about living these experiences in order to authenticate them (validating, on the same occasion, the clichés they bear), so as to inscribe them (as if those clichés worked as visual landmarks) in a fictionalized reality, in an individual experience of fiction. What the "clichés" of Portobello reveal us then, are not only the stereotypes upon which that fiction is built, but most of all what those photographic moments have of specifically non decisive, i.e. the duration of that time slip, the depth of that dead time which invades and crosses the clichés, a duration where, like in a plastic film, fiction seems to be able to detach (itself) from reality.

| | |
|---|---|
| Quarteira / Quarteira | (2) |
| Karaoke | (4) |
| H. | (7) |
| Praia da Oura / Oura beach | (8) |
| Rapariga dos flyers / Girl with flyers | (11) |
| Bronze / Suntan | (12) |
| Al Leão | (14) |
| Marina de Albufeira | (16) |
| Repuxo / Water fountain | (19) |
| Ciprestes / Cypresses | (20) |
| Sauna | (21) |
| Sono / Sleep | (23) |
| Apartamentos para férias / Holiday flats | (25) |
| Photos | (26) |
| Montechoro | (28) |
| Elvis da Praia da Rocha / Elvis from Praia da Rocha | (31) |
| suicideisyouronlyhope@ | (32) |
| Ossos / Bones | (35) |
| Calçadão / Promenade | (36) |
| Piscina de ondas / Wave pool | (38) |
| Cocktail | (41) |
| Sofá / Sofa | (42) |
| Aquashow | (45) |
| Hotel Atlantis | (46) |
| Flamingos | (48) |
| Gorila / Gorilla | (50) |
| Massagem / Massage | (51) |
| Rosana | (53) |
| Bellavista | (54) |
| Alex and Sidney | (55) |
| Restaurante chinês Bambu / Bambu chinese restaurant | (56) |
| Via Appia | (58) |
| Sandie | (60) |
| Boémia Bar | (63) |
| Tina Turner | (65) |
| Despedida de solteiro / Batchler's party | (66) |
| Bisnaga / Water gun | (67) |
| Menu | (68) |
| Palmeiras / Palm trees | (70) |
| Knockout Fightnight Hotel Paraíso | (71) |
| Megaphone | (72) |
| Ladies | (73) |
| Pole dancing | (74) |
| Cameras | (75) |
| You | (76) |
| Verde flúor / Fluorescent green | (78) |
| The Club | (80) |
| Despedida de solteira #1 / Rachel's hen party #1 | (83) |
| Despedida de solteira #2 / Rachel's hen party #2 | (84) |
| Despedida de solteira #3 / Rachel's hen party #3 | (85) |
| Fiona and Picasso | (87) |
| Pantera / Panther | (88) |
| T-shirt molhada / Wet t-shirt | (90) |
| Albufeira | (96) |
| Double Face | (102) |

Death before Dishonour (Capa / Cover)
Pantera / Panther (Contracapa / Back cover)

Agradecimentos / Thanks to:

David-Alexandre Guéniot
Ana Maria Coutinho
Tó Trips
Ian Jeffrey
Natxo Checa
Gonçalo Praça
Rui Catalão
Joris Lacoste
Paula Caspão
Helena Soares
Charles Fréger
Pedro Letria
António Júlio Duarte
Ramiro Guerreiro
Double Face
Rosana
Sandie
Discoteca Kiss
Garage Disco Bar
Roma Golf Park
Aquashow

© Patrícia Almeida
© Fotografia: Patrícia Almeida
© Texto/Text:
*Portobello*™: David-Alexandre Guéniot
*The heart of the Algarve*: Ian Jeffrey

Tradução portuguesa / Portuguese translation:
*Portobello*™: Rui Catalão / Paula Caspão
*The heart of the Algarve:* Gonçalo Praça

Tradução inglesa / English translation:
*Portobello*™: Paula Caspão

Grafismo / Graphic design: Mackintóxico

Impressão / Printing: Guide - Artes Gráficas,Lda.

A exposição integral do projecto *Portobello* foi apresentado na Galeria ZDB (Lisboa) entre 11 de Setembro e 23 de Novembro de 2008.

The complete project *Portobello* was exhibited in ZDB Gallery (Lisbon) from 11th Setembre to 23rd Novembre, 2008.

Mais informação / More info:
www.patriciaalmeida.com
www.pocproject.com

ISBN: 978-989-20-1461-6
Depósito Legal: 290693/09

Apoios: